DICIEMBRE

24

Ana y la Navidad

Ana y la Navidad

GEU
EDITORIAL
MÉXICO

AUTORA: AINARA CALVO LLORENTE
ILUSTRADORA: Mª ÁNGELES AZNAR MEDINA

Calvo Llorente, Ainara
    Ana y la navidad / autora Ainara Calvo Llorente ; ilustradora Ma. Ángeles Aznar Medina. –
1ª edición.
– Guadalajara, Jalisco : GEU de México ; Granada, España : GEU, 2012.
    48 páginas : ilustraciones ; 20 x 21cm. –- (Colección primeros lectores)
    En la cubierta: El mundo de Ana : cuentos SPC : símbolos pictográficos para la comunicación.

    ISBN 978-607-726-125-4 (GEU de México)
    ISBN 978-84-9915-436-7 (GEU España)

    1. Niños con impedimento auditivo – Libros y lectura. 2. Navidad - Literatura infantil.
    3. Niños – Libros y lectura. I. Aznar Medina, Ma. Ángeles, ilustrador. II. título. III. Serie.

372.412-scdd21   Biblioteca Nacional de México

Ana y la Navidad
Autora: Ainara Calvo Llorente
Ilustradora: Ma. Ángeles Aznar Medina
Pictogramas: The Picture Communication Symbols by DynaVox Mayer-Johnson
LLC. All Rights Reserved Worldwide. Used with permission.
48 p. 20x21 cm
ISBN en México (1ª edición, 1ª impresión): 978-607-726-125-4
ISBN en España (2ª edición, 1ª impresión): 978-84-9915-436-7

Derechos Reservados © 2012, por
Ainara Calvo Llorente, Lozano Impresores S.L. (Editorial GEU) y Editorial GEU
México, S. DE R.L. DE C.V.
Editorial GEU México, S. de R.L. de C.V.
C/ Montevideo 3211. Colonia Providencia.
44630 Guadalajara, Jalisco. MÉXICO
www.editorialgeu.com.mx
1ª Edición. 1ª impresión. Septiembre de 2012.
ISBN: 978-607-726-125-4

Derechos Reservados © 2012, por
Ainara Calvo Llorente y Lozano Impresores S.L. (Editorial GEU)
Camino de Ronda, 202 bajos, local 2
18003 Granada. ESPAÑA
www.editorialgeu.com
1ª Edición (2012, versión original). ISBN: 978-84-9915-850-1
Depósito legal: GR 2532-2012
2ª Edición (2012, adaptación a México, coeditada). ISBN: 978-84-9915-436-7
Depósito legal: GR 2545-2012

Editorial GEU México S. de R.L. de C.V. está afiliada a la Cámara Nacional de la Industria Editorial Mexicana. Reg. núm. 3624

Impreso en Lozano Impresores, S.L. en septiembre de 2012 con un tiraje de 500 ejemplares
Camino de Ronda, 202 bajos, local 2
18003 Granada. ESPAÑA

ÍNDICE

INTRODUCCIÓN

En mi experiencia como profesora de Audición y Lenguaje, en mi trabajo diario con muchos de mis alumnos, he sentido la carencia que existe en el mercado de material adaptado al sistema de símbolos gráficos SPC (Símbolos Pictográficos para la Comunicación) que hiciera eficaz el aprendizaje y a su vez, que estuviera unido al disfrute.

El hecho de hacer del aprendizaje, del trabajo y del esfuerzo, una experiencia satisfactoria, es abrir el camino al deseo de aprender. Es verdad que el material solo no lo garantiza, pero también es verdad que sin un buen material es muy difícil. A diario, he necesitado cuentos, láminas, relatos... que se refieran a cosas cercanas, variadas, claras y sencillas, sin demasiados elementos que muchas veces distorsionan la atención o dificultan la comprensión de lo que representan. Esta carencia, hace necesario crear y adaptar material para las sesiones de trabajo, lo que supone un tiempo y unos medios extra de los que no siempre se dispone.

Así surge la idea de este cuento, que puede facilitar la labor del profesional en el colegio y la labor de la familia en casa y al que acompañan láminas de trabajo, algunas sugerencias y orientaciones pedagógicas para su uso que surgen de mi experiencia como docente.

 Ana  sale  contenta del  colegio .

 Hoy  empiezan las  posadas .

Para 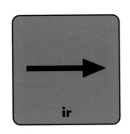 ir a las  posadas 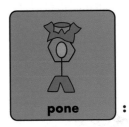 Ana se  pone :

El  abrigo , el  gorro , los  guantes y la  bufanda .

 **Papá** ,  **mamá** y  **Ana**  **cantan**  **villancicos** :

En el  **nombre** del 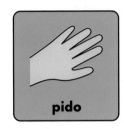 **cielo** , 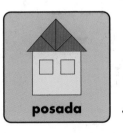 **pido** 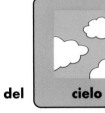 **posada** ...

11

 **Ana**  **rompe** la  **piñata** .

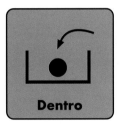 **Dentro** de la  **piñata** hay  **muchos**  **dulces** .

Ana **come** **tamales** .

Papá y **mamá** **toman** **ponche** .

En 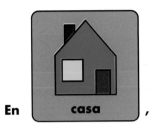 casa ,

 mamá ,  papá y  Ana  adornan el  Árbol de Navidad .

 Ana  pone la  estrella  encima del  Árbol de Navidad .

17

 **Ana** y sus  **abuelos**  **ven** un  **nacimiento** .

 **Ana**  **acaricia** al  **burro** .

En 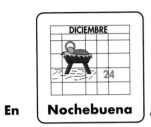 **Nochebuena** ,

 **mamá**  **prepara** la  **cena** .

 **Pavo** , **ensalada** y  **tamales** .

21

 **Ana**  **pone** sus 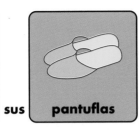 **pantuflas**  **debajo** del  **Árbol de Navidad** .

 **Ana** se 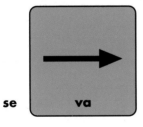 **va** a  **dormir**  **contenta** .

En la 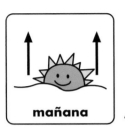 **mañana** ,

 **Ana** se  **levanta** **contenta** .

¡  **Hoy** es  **Navidad** ! ¡El  **Niño Dios**  **trajo** **regalos** !

 **Debajo** del 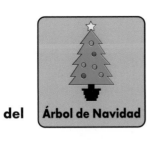 **Árbol de Navidad** hay  **muchos**  **regalos** .

Para  **Ana** una  **muñeca** , para  **papá** una  **camisa** ,

para  **mamá** un 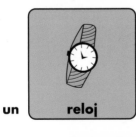 **reloj** , para la  **abuela** una  **bolsa**

y para el  **abuelo** un  **cinturón** .

En la 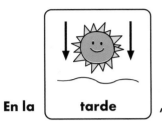 **tarde** ,

 **todos** 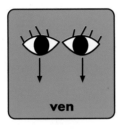 **ven** las 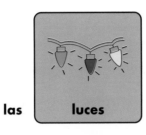 **luces** de  **Navidad** .

¡ A  **Ana** le  **gustan** las  **luces** de  **Navidad** !

En  **Fin de año** ,

a las 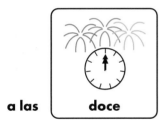 **doce** 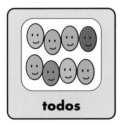 **todos**  **comen** las 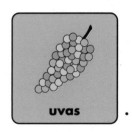 **uvas** .

¡  **Ana** se las  **comió**  **todas** !

31

El  **Día de Reyes** ,

 **mamá**  **compró** una 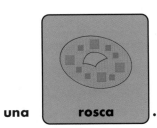 **rosca** .

La  **abuela**  **prepara**  **chocolate**  **caliente** .

¡ A  **Ana** le  **gusta**  **mucho** la  **Navidad** !

ORIENTACIONES PEDAGÓGICAS

Todos sabemos la importancia que tienen los Apoyos Visuales en la vida diaria, todos los necesitamos y los usamos; señales de tráficos, planos de metro, etc. Las personas con Necesidades Educativas Especiales, los necesitan también para mejorar y facilitar la comunicación tanto en la comprensión como en la expresión, entre otras cosas porque:

- Son fácilmente comprensibles, sencillos y constantes (siempre significan lo mismo).

- Son permanentes, es decir, podemos verlos el tiempo que necesitemos y volver a ellos siempre que sea necesario.

- Pueden adaptarse a las capacidades de cada uno.

"Ana y la Navidad", es un cuento adaptado utilizando un sistema de símbolos gráficos, en este caso, el SPC (Símbolos Pictográficos para la Comunicación, creados por Roxanna Mayer Jonhson en EE.UU). El objetivo de este material, no es sólo acercar a los niños de una manera sencilla a la lectura, sino también utilizarlo para trabajar sobre distintos aspectos del lenguaje (vocabulario, estructuración del enunciado, etc.) y aspectos cognitivos (conceptos básicos, temporales, etc.) que podrán incorporar a su vida diaria.

Es importante destacar, que éste material no pretende ser un método de enseñanza para adquirir los distintos aspectos de la comunicación y el lenguaje sino una ayuda más para trabajarlos.

Espero que estas orientaciones sirvan para facilitar la labor del maestro y de la familia, pero más aun, sirvan a aquellas personas que lo necesiten y se convierta en "su cuento", el cuento que todos consideramos como nuestro y al que volvemos una y otra vez.

VOCABULARIO

El vocabulario elegido para este cuento está relacionado con la vida cotidiana. Para esto, se han elegido palabras sencillas y cercanas para cualquier persona. Cada categoría está representada con un color distinto para facilitar la construcción del enunciado.

La relación de colores es:
- Personas y/o pronombres personales: AMARILLO
- Verbos: VERDE
- Descriptivos (adjetivos y algunos adverbios): AZUL
- Sustantivos (aquellos no incluidos en otras categorías): NARANJA
- Palabras sociales (palabras de cortesía, disculpas, expresiones de gusto y disgusto...): MORADO
- Miscelánea (artículos, preposiciones, conjunciones, conceptos temporales, alfabeto, números, colores y otras palabras abstractas): BLANCO

El cuento, incluye vocabulario referido a:

PERSONAS:
- Ana
- Mamá
- Papá
- Abuelo
- Abuela
- Abuelos
- Niño Dios
- Todos

ACCIONES:

- Salir
- Empezar
- Adornar
- Poner
- Ver
- Acariciar
- Preparar
- Levantar
- Traer
- Ir
- Tomar
- Cantar
- Comer
- Poner
- Dar
- Romper
- Dormir
- Gustar
- Comprar

DESCRIPTIVOS:

- Contenta
- Encima
- Debajo
- Todas
- Mucho/s
- Caliente
- Dentro

MISCELÁNEA:

Temporales:

- Hoy
- Navidad
- Nochebuena
- Mañana
- Tarde
- Fin de año
- Las Doce
- Día de Reyes

SUSTANTITIVOS:

Lugares:

- Casa
- Colegio
- Posada
- Cielo

Alimentos:

- Tamales
- Cena
- Uvas
- Dulces
- Ponche
- Pavo
- Ensalada
- Rosca
- Chocolate

Ropa:

- Camisa
- Abrigo
- Gorro
- Guantes
- Bufanda
- Pantuflas
- Reloj
- Bolsa
- Cinturón

Juguetes:

- Muñeca

Animales:

- Burro

En Navidad:

- Árbol de Navidad
- Posadas
- Estrella
- Nacimiento
- Regalos
- Luces
- Villancicos

Otros:

- Nombre
- Piñata

Para indicar el plural, se han añadido dos elementos iguales en el mismo pictograma. Por ejemplo:

ESTRUCTURA GRAMATICAL

En todas las lenguas, las palabras se combinan entre sí para formar enunciados. Estos enunciados se rigen por unas reglas y éstas, son las que forman la sintaxis de una lengua. La correcta adquisición del lenguaje, favorecerá el desarrollo social, cognitivo y emocional. Por ello, debemos ofrecer los recursos lingüísticos necesarios para poder estructurarlo de forma adecuada.

Gracias a los pictogramas adicionales que se incluyen, se puede trabajar la estructuración del enunciado. Estos pictogramas, posibilitan construir enunciados de mayor a menor complejidad dependiendo de las características de la persona con la que estemos trabajando. Las posibilidades de construcción de enunciados son muchas. Les muestro algunas de ellas:

1

Ana pone sus pantuflas debajo del Árbol de Navidad

2

Ana pone sus pantuflas en el Árbol de Navidad

3

Ana pone sus pantuflas

EJEMPLO:

Elegimos la estructura del enunciado número 3. Le mostramos la ilustración correspondiente al enunciado y la describimos de esta manera: ANA PONE SUS PANTUFLAS.

A continuación, ponemos los pictogramas mezclados encima de la mesa.

El alumno tendrá que ordenar el enunciado correctamente. Muchos necesitarán ayuda física y verbal. Los apoyos verbales que podemos ofrecer son las siguientes:

- ¿Quién es ésta? (Señalamos a Ana en la lámina) Escogerá el pictograma correspondiente: ANA

- ¿Qué hace Ana? Escogerá el pictograma correspondiente:

- ¿Qué pone Ana? Escogerá el pictograma correspondiente:

Resultado final:

Ana pone sus pantuflas

ASPECTOS TEMPORALES

Se han incluido las ilustraciones del cuento en láminas, para poder ordenarlas de forma secuencial y trabajar así aspectos temporales tales como: antes, después... Algunas preguntas que podemos formular a nuestros alumnos relacionadas con aspectos temporales:

- ¿Cuándo cenan pavo, ensalada y tamales?
- ¿Cuándo comen las uvas?
- ¿Cuándo van a ver las luces de Navidad?
- ¿Cuándo compra mamá la rosca?
- ¿Cuándo prepara la abuela chocolate caliente?
- ¿Qué hace Ana antes de...?
- ¿Qué hace Ana después de...?

ENTORNOS

A través del vocabulario que ofrecemos, podemos trabajar entornos muy familiares. Además, si el entorno no viene representado por pictogramas, gracias a la sencillez de las ilustraciones, podrán averiguar de cual se trata. Podemos hacerles preguntas de tipo:

- ¿De dónde sale Ana contenta?
- ¿Dónde hay muchos regalos?
- ¿Dónde pone Ana sus pantuflas?
- ¿Dónde pone Ana la estrella?
- ¿Dónde hay muchos dulces?

Además del aprendizaje de los entornos, podemos trabajar el vocabulario que corresponde a cada uno de ellos. POR EJEMPLO: En la calle...

COMPRENSIÓN / EXPRESIÓN:

Se han elegido una serie de preguntas sencillas para trabajar tanto la comprensión como la expresión:

Ilustración nº 1

- ¿De dónde sale Ana contenta?
- ¿Por qué sale Ana contenta del colegio?

Ilustración nº 2

- ¿Qué se pone Ana?
- ¿A dónde va Ana?

Ilustración nº 3

- ¿Qué hacen mamá, papá y Ana?
- ¿Qué villancico cantan?

Ilustración nº 4

- ¿Qué hace Ana?
- ¿Qué hay dentro de la piñata?

Ilustración nº 5

- ¿Qué come Ana?
- ¿Qué toman mamá y papá?

Ilustración nº 6

- ¿Qué adornan mamá, papá y Ana?
- ¿Quién pone la estrella?

Ilustración nº 7

- ¿Qué ven Ana y sus abuelos?
- ¿Quién acaricia al burro?

Ilustración nº 8

- ¿Quién preparó la cena?
- ¿Qué cenan en Nochebuena?

Ilustración nº 9

- ¿Dónde deja Ana sus pantuflas?
- ¿Cómo se va Ana a dormir?

Ilustración nº 10

- ¿Porqué se levanta Ana contenta?
- ¿Quién trajo regalos?

Ilustración nº 11

- ¿Dónde hay muchos regalos?
- ¿Qué trajo el Niño Dios a Ana?
- ¿Y a mamá?
- ¿Y a papá?
- ¿Y al abuelo?
- ¿Y a la abuela?

Ilustración nº 12

- ¿Quiénes ven las luces de Navidad?
- ¿Qué le gusta a Ana?

Ilustración nº 13

- ¿Qué pasa en la cena de Ano nuevo?
- ¿Qué comen a las doce?
- ¿Quién come todas las uvas?

Ilustración nº 14

- ¿Quién compró la rosca?
- ¿Quién preparó el chocolate?
- ¿Cómo está el chocolate?
- ¿Qué le gusta a Ana?

Estas preguntas son una mera orientación. Se podrán formular de mayor a menor complejidad dependiendo de las características de la persona con la que estemos trabajando. Ésta, a su vez, podrá responder verbalmente o señalando los pictogramas correspondientes a la respuesta.